I0098374

NOTICE

SUR LA CONSTRUCTION

DE

L'HOSPICE S.ᵀ-LOUIS

DE BÉDARIEUX,

A LAQUELLE ON A JOINT LES DESSINS DES PLANS, COUPES ET ÉLÉVATIONS
DUDIT HOSPICE ;

PAR Jean-Pierre **BLANC**, ARCHITECTE,
Auteur du Projet, et qui a dirigé l'exécution des Travaux.

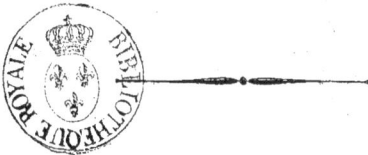

A Montpellier, chez SEGUIN, Libraire.
1829.

C.

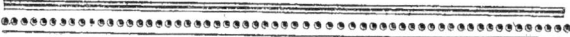

NOTICE

SUR

L'HOSPICE SAINT-LOUIS

DE BÉDARIEUX.

Lᴀ charité publique, exercée à un haut degré dans l'industrieuse cité de Bédarieux , a presque seule fourni aux frais d'érection de cet Hospice, et assuré son avenir , en inspirant à des ames pieuses de notables libéralités et des souscriptions volontaires où chacun a versé son offrande (1).

Le terrain que l'on consacra à cet édifice, situé à l'entrée du faubourg S.'-Louis, sur le penchant d'un coteau au pied duquel coule la rivière d'Orb du nord au sud (celle-ci séparant ledit faubourg de la ville, où l'on arrive par un pont de pierre), présente

---

(1) Nous croyons devoir porter à la connaissance du Public les renseignemens certains qui nous sont parvenus sur quelques-uns des plus notables donateurs de cet Hospice , avec le regret de ne pouvoir accroitre cette liste d'une foule de noms à qui leur position et leur modestie ont permis de rester dans l'ombre. Mais comme les détails que nous avons à donner là-dessus excéderaient les bornes d'une simple note , nous avons pris le parti de les renvoyer à la fin de cet Écrit, sous le titre de *Supplément.*

une étendue en largeur de 64 mètres 65 centimètres, et une longueur moyenne de 60 mètres.

L'Architecte, auteur du projet, rendu sur les lieux, en écrivit le programme auquel il s'est rigoureusement astreint, sous la dictée du Curé de la Paroisse (1), et en termina les plans et devis le 30 mars 1825.

L'adjudication des ouvrages en fut passée peu après au sieur François Fabre, entrepreneur de travaux publics, demeurant à Bédarieux ; et à peine les eut-on commencés, que l'Architecte fut obligé, sur la proposition qui lui en fut faite, dans des vues d'économie, de consentir à la suppression des quatre colonnes isolées qui devaient former péristyle au-devant de la Chapelle, et de les remplacer par des pilastres. Il fit en sorte que ces pilastres imitassent les colonnes, sinon en saillie, du moins par leur proportion et leur espacement. Néanmoins l'ordonnance de la porte d'entrée et du bas-relief portant la dédicace, en ont dû souffrir du côté de la grâce et de l'étendue.

On pourra remarquer, en examinant l'édifice dans son ensemble, que la Chapelle, comparativement aux bâtimens de l'Hospice, est d'une proportion trop grande ; comme aussi qu'il aurait peut-être été convenable d'en consacrer la première travée à l'établissemen d'un porche qui aurait servi d'entrée commune à la Chapelle et aux deux corps de bâtimens y adossés. L'Architecte reconnaîtra la justesse de ces observations, comme il la reconnut lorsqu'elles lui furent faites dans l'origine de sa composition : mais il fallait que cette Chapelle pût servir d'annexe à la seule Église paroissiale de la Ville, qui, malgré son agrandissement opéré dernièrement, est encore bien insuffisante pour recevoir les habitans catholiques du lieu. Ces considérations durent motiver la maintenue des dispositions du projet.

Outre le changement qu'a éprouvé le frontispice formant l'entrée

(1) Feu M. Aoust.

de la Chapelle, il s'en est effectué d'autres dans son intérieur. D'abord, le projet primitif offrait, pour l'utilité du service de l'un et de l'autre des quartiers des hommes et des femmes, une communication réciproque existant au moyen d'un passage établi sous le tambour de la Chapelle, en faisant porter la tribune des Sœurs placée au-dessus, par des pilastres où venaient se réunir de petits murs en parpaing avec portes : à ces pilastres ont été substituées des colonnes, ce qui, sans contredit, produit un meilleur effet ; mais le passage ne se trouvant point séparé de l'intérieur de la Chapelle, il a fallu renoncer à la communication projetée. Quant à celui de la tribune des Sœurs, au premier étage, on peut le maintenir en établissant une cloison longitudinale sur le fond de cette tribune, dont le sommet pourrait s'élever jusqu'à la naissance de la voûte, sans trop choquer l'harmonie intérieure. (Voyez le plan du premier étage.)

On avait aussi placé des pilastres avec petits murs de parpaing et portes sous chacune des tribunes des hommes et des femmes, afin de communiquer avec les deux quartiers par le passage entourant le chœur demi-circulaire. La substitution faite de colonnes à la place des pilastres projetés, a dû entraîner la suppression de cette communication, à laquelle on ne doit pas avoir regret, sous le rapport de l'art, puisque les colonnes produisent un meilleur effet.

Le zèle des habitans et des ouvriers du pays, pour la participation à l'exécution de cet édifice, zèle que l'Architecte se fait un devoir de reconnaître, a quelquefois nui à son ensemble par l'emploi d'accessoires inutiles ou d'un goût peu exercé. Par exemple, lorsqu'il s'agit de la construction des pieds-droits de la porte flamande, les ouvriers maçons du pays ayant spontanément offert leur concours, qui fut accepté, on crut pouvoir s'écarter des dessins et profils qui avaient été fournis à l'entrepreneur, en ajoutant à la corniche des moulures superflues et hors de proportion.

L'Architecte signale ici ce fait, dans le désir que ces ornemens soient supprimés, lorsque l'Administration sera en mesure de faire construire les pavillons d'entrée.

Une chaire à prêcher ; en menuiserie, résultant d'un don, et placée dans la Chapelle, n'est pas non plus à l'abri de la critique, sous le rapport du goût et des proportions : il eût été raisonnable que la personne généreuse qui a fait ce don, eût bien voulu charger l'Architecte d'en faire un dessin qu'il se serait fait un plaisir de dresser.

Le projet ayant été modifié ainsi qu'il a été dit ci-dessus, l'exécution eut lieu immédiatement ; la réception définitive a été faite le 16 août 1828, et la Chapelle bénite le 12 octobre suivant, par M. Coustou, premier vicaire général du diocèse de Montpellier, délégué par Mgr. l'Évêque.

En publiant les dessins des plans, coupes et élévations de cet Hospice, l'auteur a eu pour but unique de faire connaître les résultats obtenus par l'effet de charitables et pieuses offrandes, et d'exprimer, autant qu'il était en lui, la reconnaissance qui était due aux donateurs. Cette publication servira d'ailleurs à fixer les idées sur l'achèvement à faire un jour de cet édifice, et protesterait, au besoin, contre tout changement qui pourrait en contrarier l'ensemble.

Les parties restant à faire sont marquées au plan du rez-de-chaussée pour les quartiers des hommes et des femmes, par les N.os 1, 2, 3, 4, 5, 6, 7, 8 et 9 ; et pour les pavillons d'entrée, par les N.os 10 et 11.

SUPPLÉMENT.

. Ceci n'est point un relevé de toutes les libéralités dont l'érection de l'Hospice a été l'objet. Pour être juste, il faudrait nommer presque tous les habitans de la ville de Bédarieux : chacun, pour si peu aisé qu'il fût, s'est fait un devoir de déposer son offrande. Quelques-uns, par leur position de fortune, ont pu élever leurs libéralités jusqu'à de fortes sommes. Celles dont la connaissance certaine nous est parvenue, viennent des membres de la Commission nommée pour surveiller les travaux de la construction. En livrant leurs noms et leurs offrandes à la connaissance du public, l'Auteur se félicite d'avoir à leur payer un double tribut d'éloges et de reconnaissance ; d'éloges, pour le mérite de leur action ; de reconnaissance, pour la satisfaction parfaite des relations qu'il a eu l'honneur d'avoir avec eux.

MEMBRES DE LA COMMISSION.

1.° *Feu M.* JEAN MARTEL, *prêtre*, *président honoraire.* — Ce respectable ecclésiastique, né à Bédarieux, mais depuis long-temps domicilié à Paris, où il est décédé, avait, de son vivant, mérité, par ses largesses et ses encouragemens, le titre de président honoraire de la commission. Il a montré à sa mort combien il en était digne, en ajoutant au don d'une rente annuelle et perpétuelle de 1200 fr. , constituée de son vivant pour l'établissement et l'entretien de quatre Sœurs de l'ordre de la Croix, destinées à desservir l'Hospice, deux legs importans, savoir : une somme de 3,000 fr. pour servir aux frais de construction de l'Hospice , et une autre de 6,000 fr. pour les pauvres de la ville.

2.° *Feu M.* AOUST, *curé de la paroisse.* — Ce vénérable pasteur avait mérité, pendant sa longue carrière, le titre de *père des pauvres.* De son vivant il avait donné à la Fabrique une somme de 5,000 fr. Les sommes par lui données pour servir à l'érection de l'Hospice, ne s'élèvent pas à moins de 10,000 fr.

3.° *M.* JACQUES MARTEL-LAPRADE, *maire de la ville de Bédarieux*, *membre du Conseil général*, *président de la Commission.*

4.° *M.* PIERRE SIGARD, *adjoint à la Mairie.*

5.° *M.* JEAN-BAPTISTE VERNAZOBRES *aîné.*

6.° *M.* JACQUES PRADES.

7.° *M.* LOUIS MARTEL.

8.° *M.* BARTHELEMI MAURAN.

Le zèle de ces Membres pour la construction de l'Hospice n'a pas été stérile. Nous savons qu'ils figurent parmi les principaux souscripteurs pour de très-fortes sommes.

Nous ne pouvons, en terminant, passer sous silence le nom de M. TAROUX, alors vicaire de la Paroisse, aujourd'hui curé de canton à Olargues. Ce jeune ecclésiastique, dont l'éloignement causa des regrets universels dans un lieu où il donnait l'exemple de toutes les vertus chrétiennes, avait été jugé digne, par son zèle, d'être adjoint aux membres de la Commission. Si l'entreprise a été conduite à sa fin, il faut reconnaître que M. TAROUX n'est pas resté étranger à la réussite. Son unique soin était de créer de nouvelles ressources à la Commission, et jamais son ministère n'était employé en vain pour un si noble objet.

Nous devons citer aussi M. MIQUEL, curé actuel de la Paroisse, pour le vif intérêt qu'il prend au nouvel Hospice, de même que MM. les Membres de la Commission administrative, dont les noms suivent :

MM. Jacques MARTEL-LAPRADE, maire, Président né.

Jean-Baptiste VERNAZOBRES.

Jean-Charles LAVIT.

Barthelemi MAURAN.

Étienne RAMI.

Joseph-Guillaume MARTEL.

François CALVET, Trésorier.

A Montpellier, chez M.me V.e PICOT, née FONTENAY, seul Imprimeur du Roi, rue Place Louis XVI, N.° 1.

Cimetière

Passage

Chœur

Buanderie N°9 | N°8 | Classes | Sacristie

Ciel-ouvert | N°7

Corridor

CHAPELLE

Salle de Repassage et pose | Parloir des Sœurs N°6 | Réfectoire des Sœurs N°5 | Cuisine | vestibule | Bûcher N°3

Ciel-ouvert | N°4

Corridor

Ruche | Boulangerie | Magasin des grains et farines | Salle de l'Administration

Salle des pensionnaires | Laboratoire | Pharmacie N°1 | Cellier N°2

Ruelle

Hangard sous couvert

Jardin

Jardin

Sentier

Puits à Pompe

Loge du Portier N°10

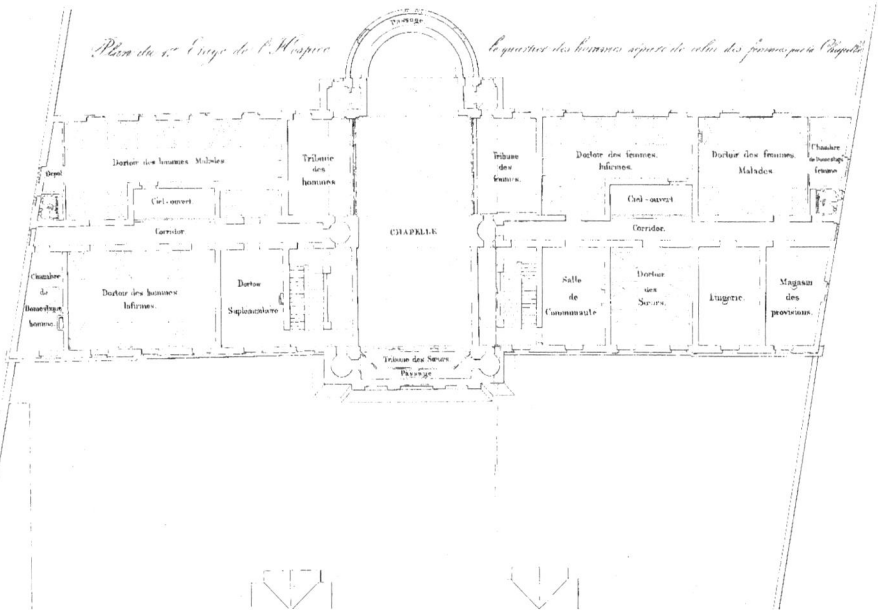

Plan du 1er Étage de l'Hospice   le quartier des hommes séparé de celui des femmes par la Chapelle

Dortoir des hommes Malades   Tribune des hommes   Tribune des femmes   Dortoir des femmes Infirmes   Dortoir des femmes Malades   Chambre de Domestique femme

Dépôt

Ciel-ouvert   Ciel-ouvert

Corridor   Corridor

CHAPELLE

Chambre de Domestique homme   Dortoir des hommes Infirmes   Dortoir Suplementaire   Salle de Communauté   Dortoir des Sœurs   Lingerie   Magasin des provisions

Tribune des Sœurs
Passage

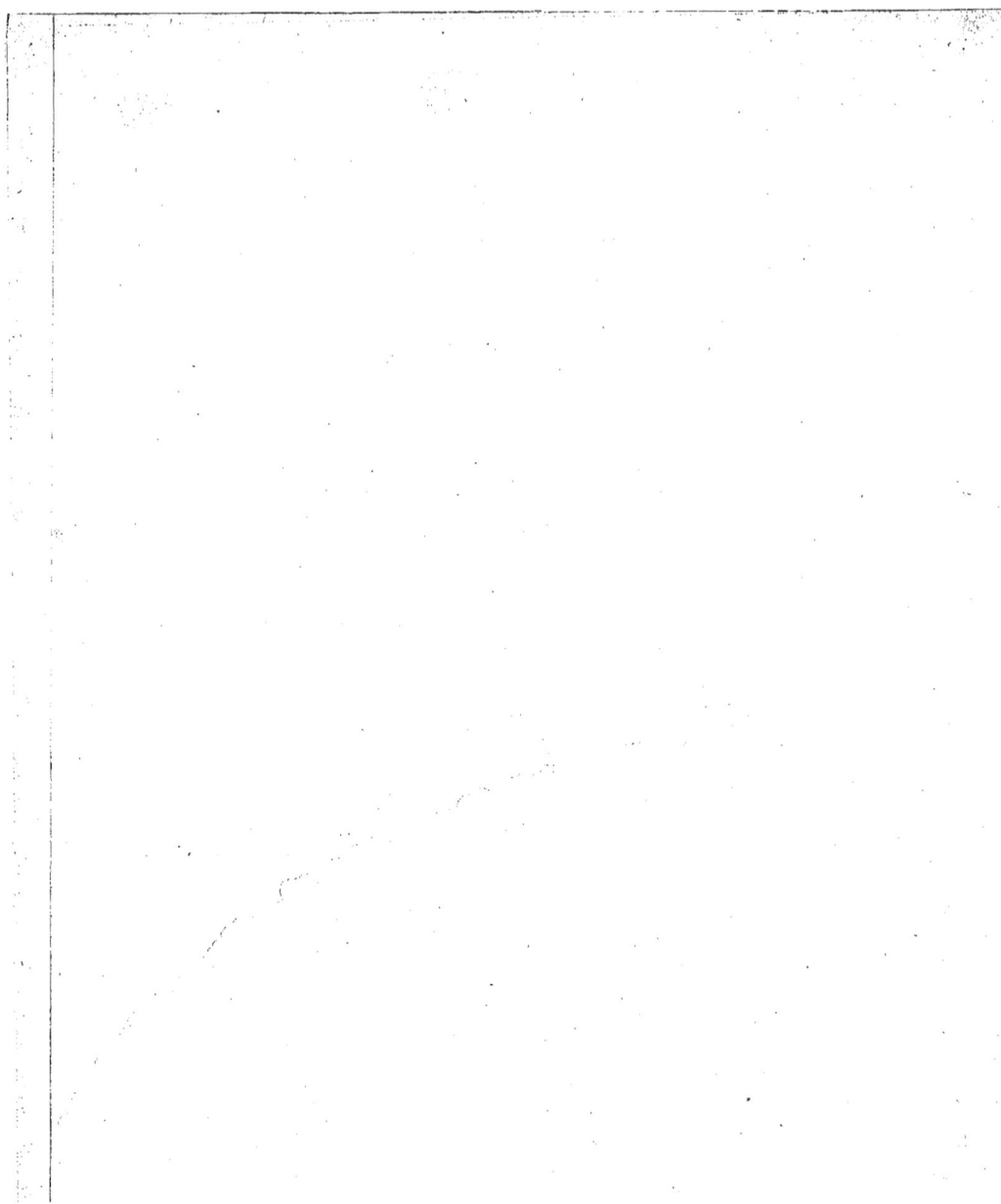

Coupe longitudinale de la Chapelle de l'Hospice, sur la ligne A.B. présentant la vue de la loge du portier.

Coupe de l'Hospice sur la ligne C.D. présentant la vue latérale de la Chapelle et du pavillon du puits à pompe.

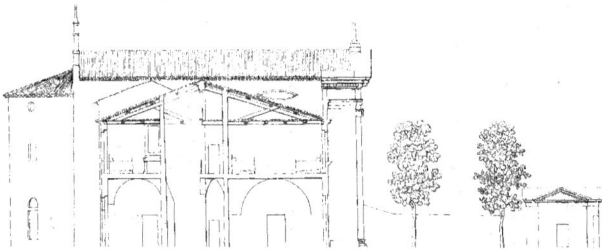

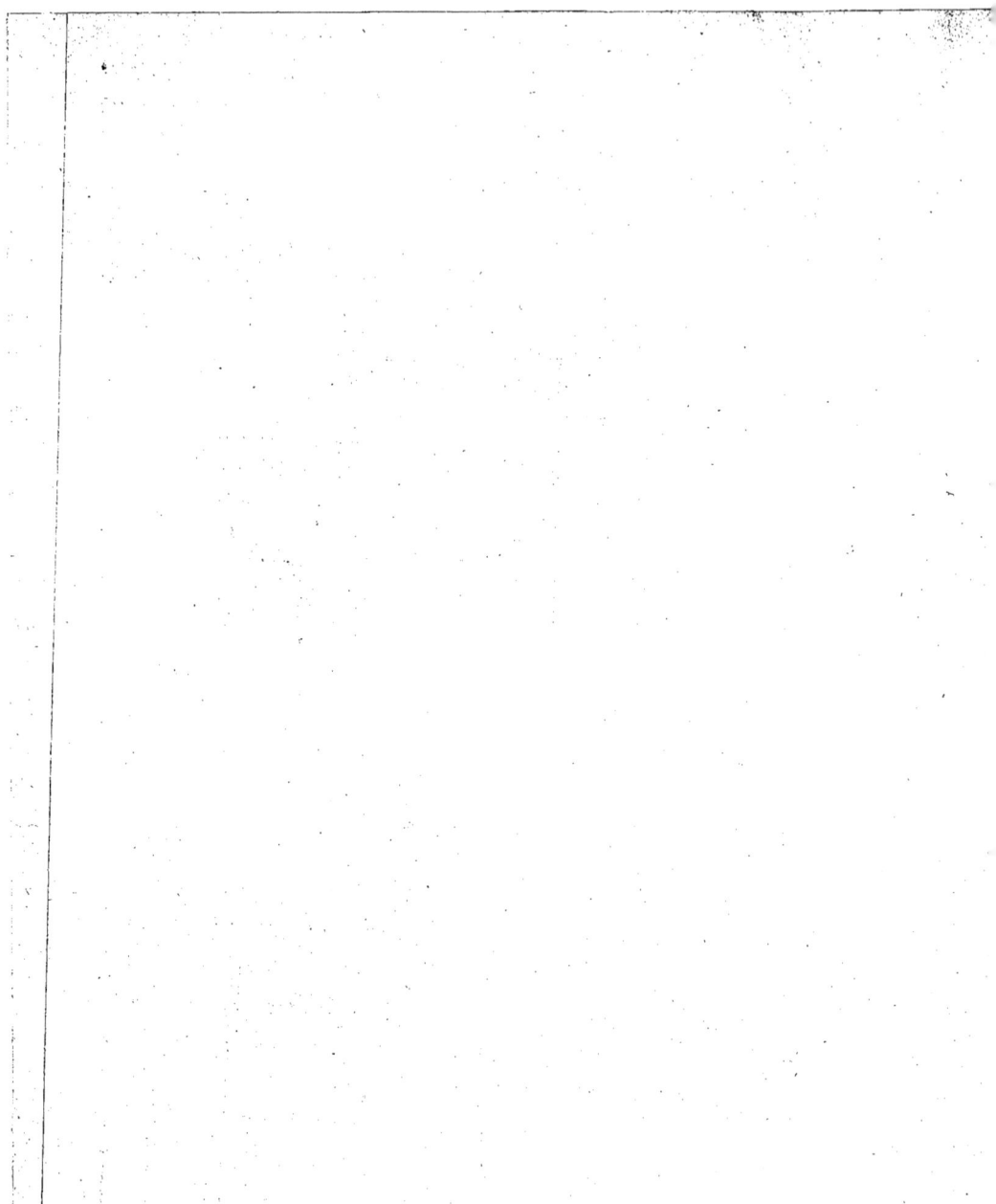

Coupe de l'Hospice sur la ligne A B, présentant la vue du fond du Chœur de la Chapelle.

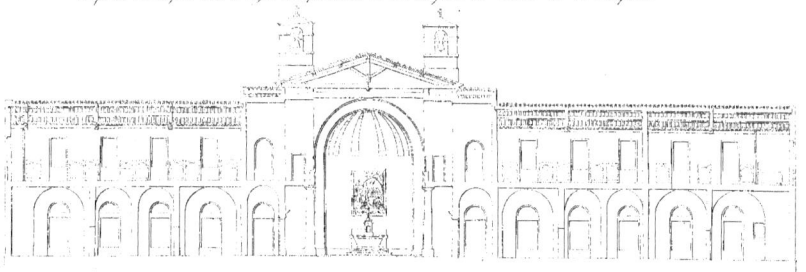

Principale Façade de l'Hospice, avec le Frontispice de la Chapelle au milieu.

Échelle de cinq Millimètres par Mètre.

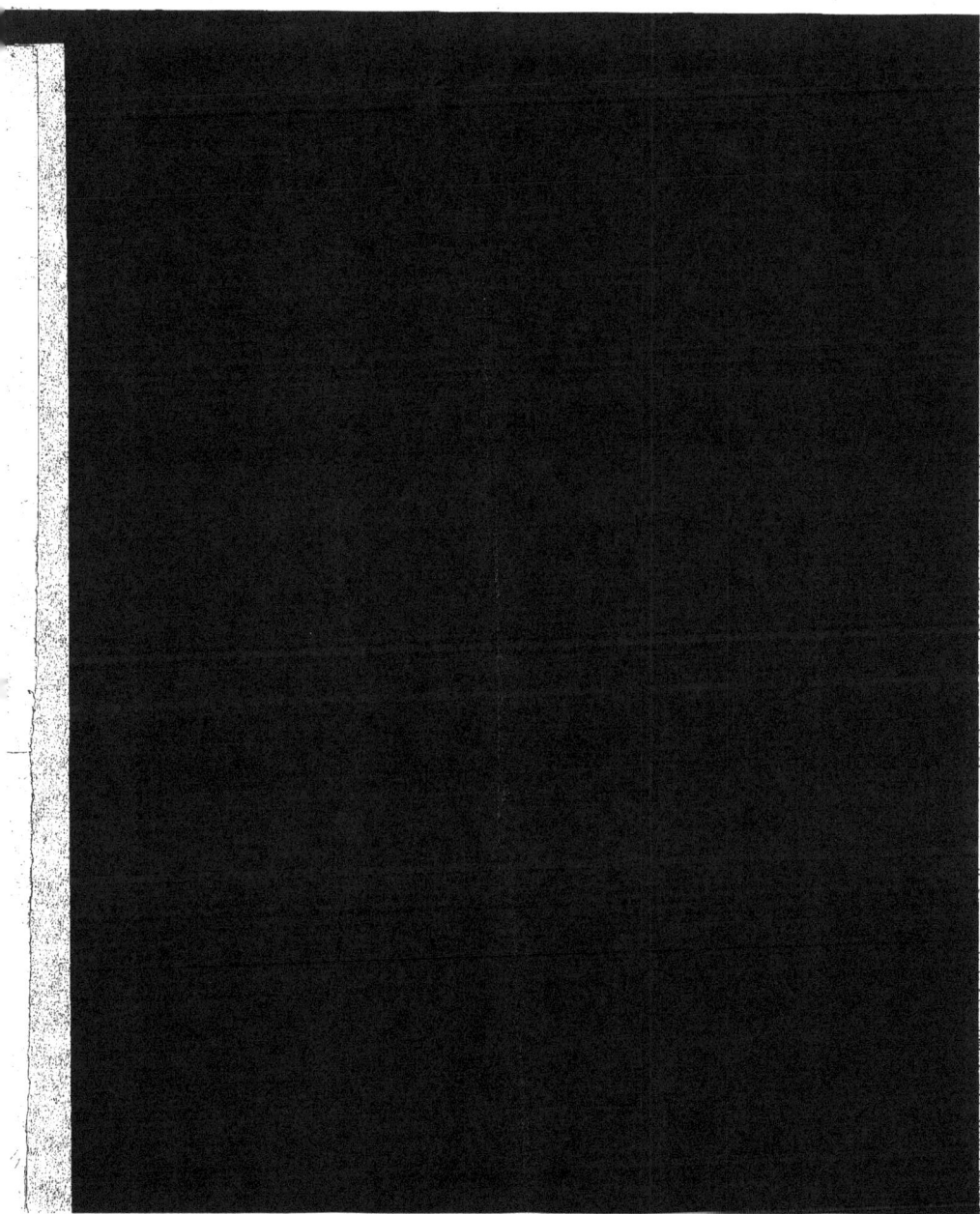

www.ingramcontent.com/pod-product-compliance
Lightning Source LLC
Chambersburg PA
CBHW061807040426

42447CB00011B/2527